La Perfezione Della Natura

ADULTO DA COLORARE
LIBRO ROSE EDITION

Coloring Bandit

Pubblicato da Speedy Publishing Canada Limited

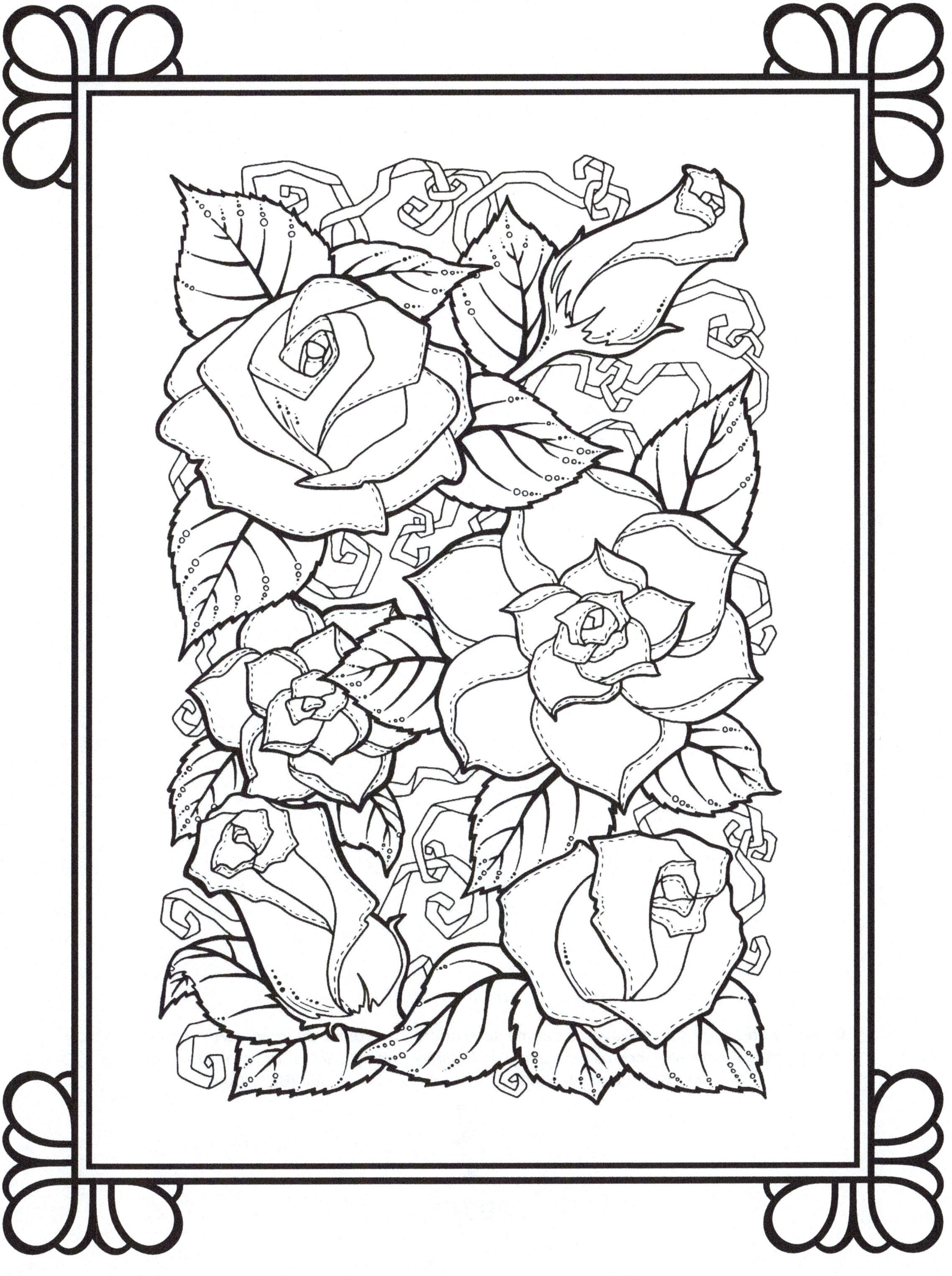

Questo è un sanguinare attraverso pagina se si utilizza un colorante indicatore o una penna!

Trovare altri grandi titoli di ricerca per disegni da Colorare Bandit su Il tuo libro preferito rivenditore

Amazon.Ca | Barnes & Noble (BN.Com) | Libri 1 Milione (BAM.Com)

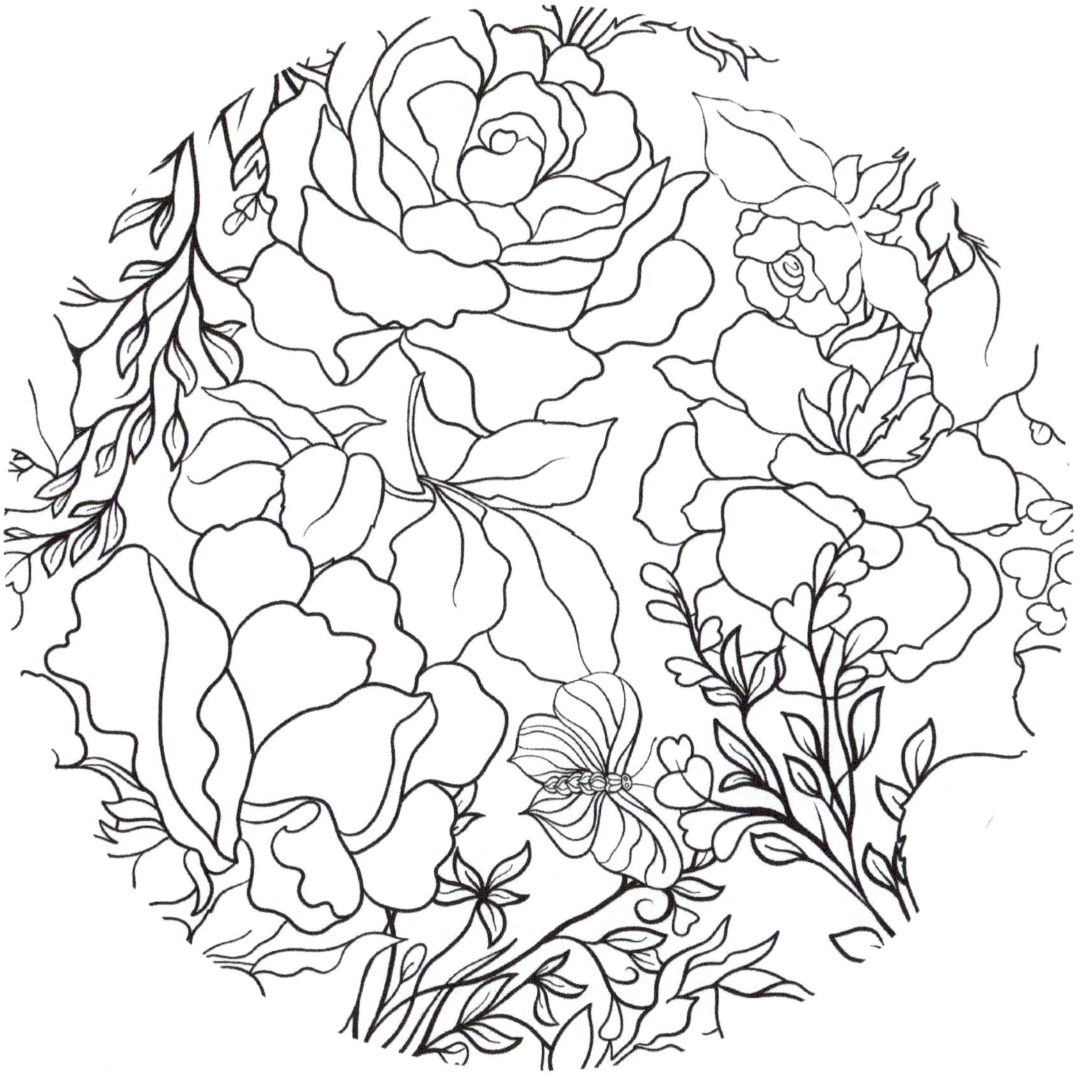

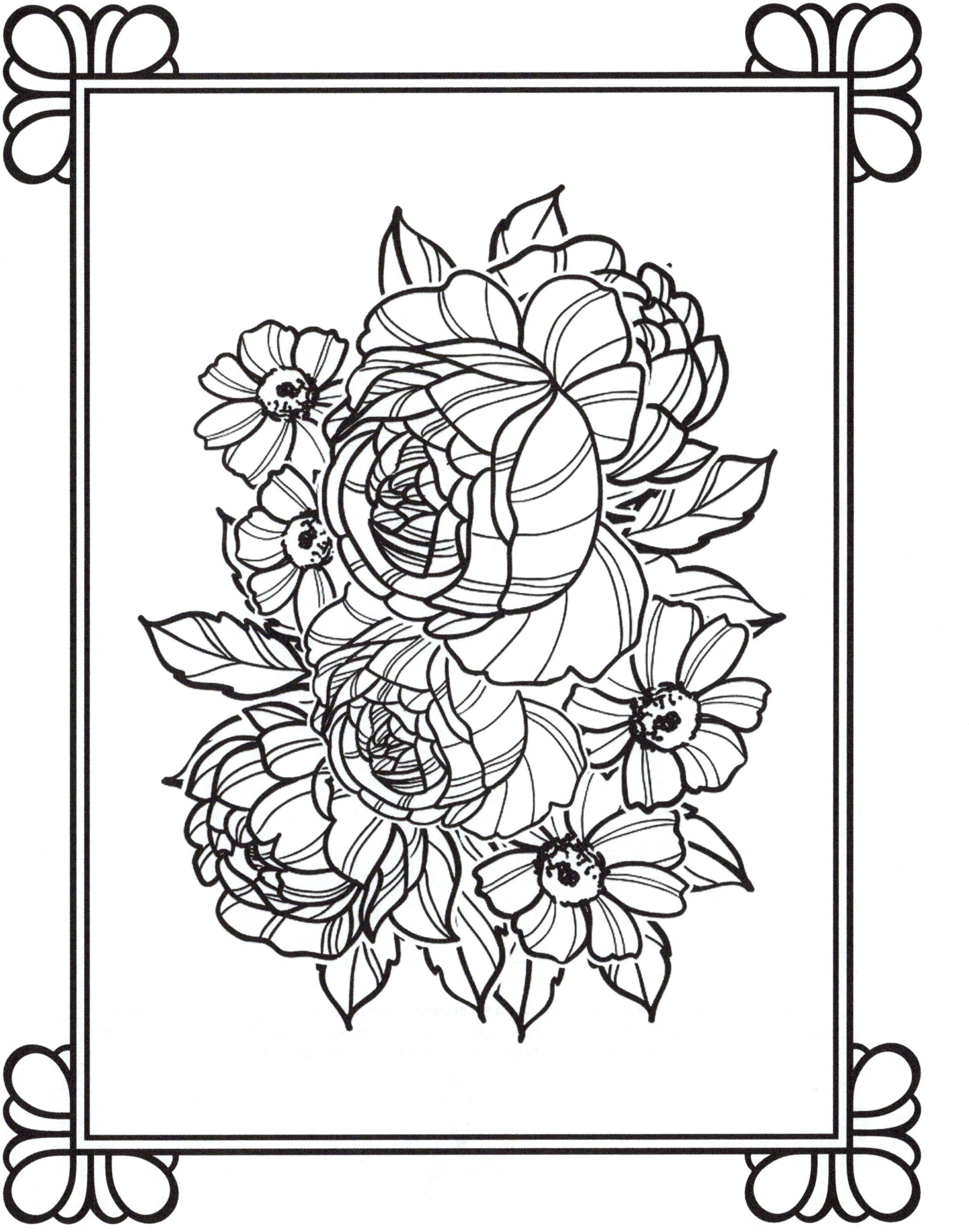

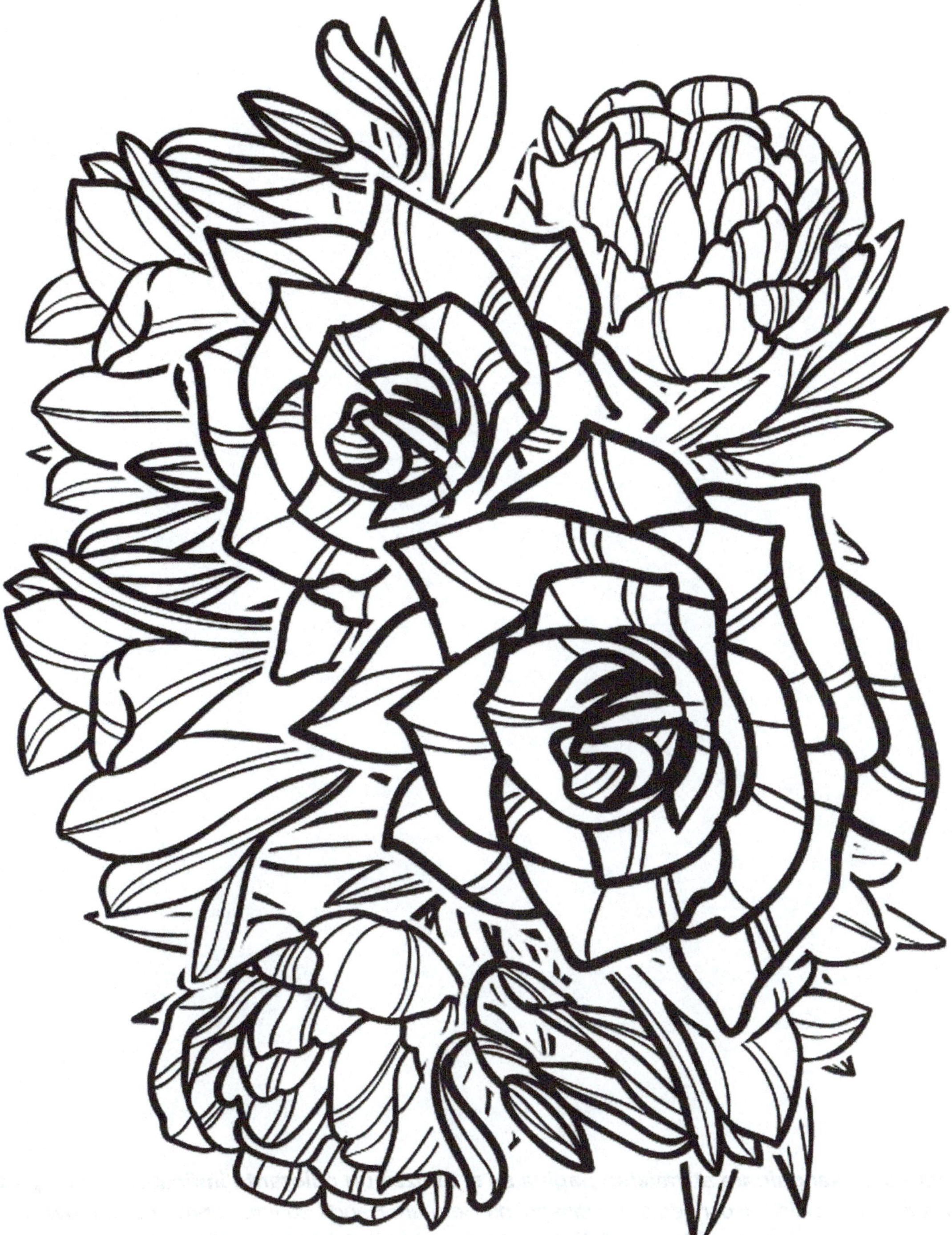

Questo è un sanguinare attraverso pagina se si utilizza un colorante indicatore o una penna!

Trovare altri grandi titoli di ricerca per disegni da Colorare Bandit su Il tuo libro preferito rivenditore

Amazon.Ca | Barnes & Noble (BN.Com) | Libri 1 Milione (BAM.Com)

COLORING BANDIT

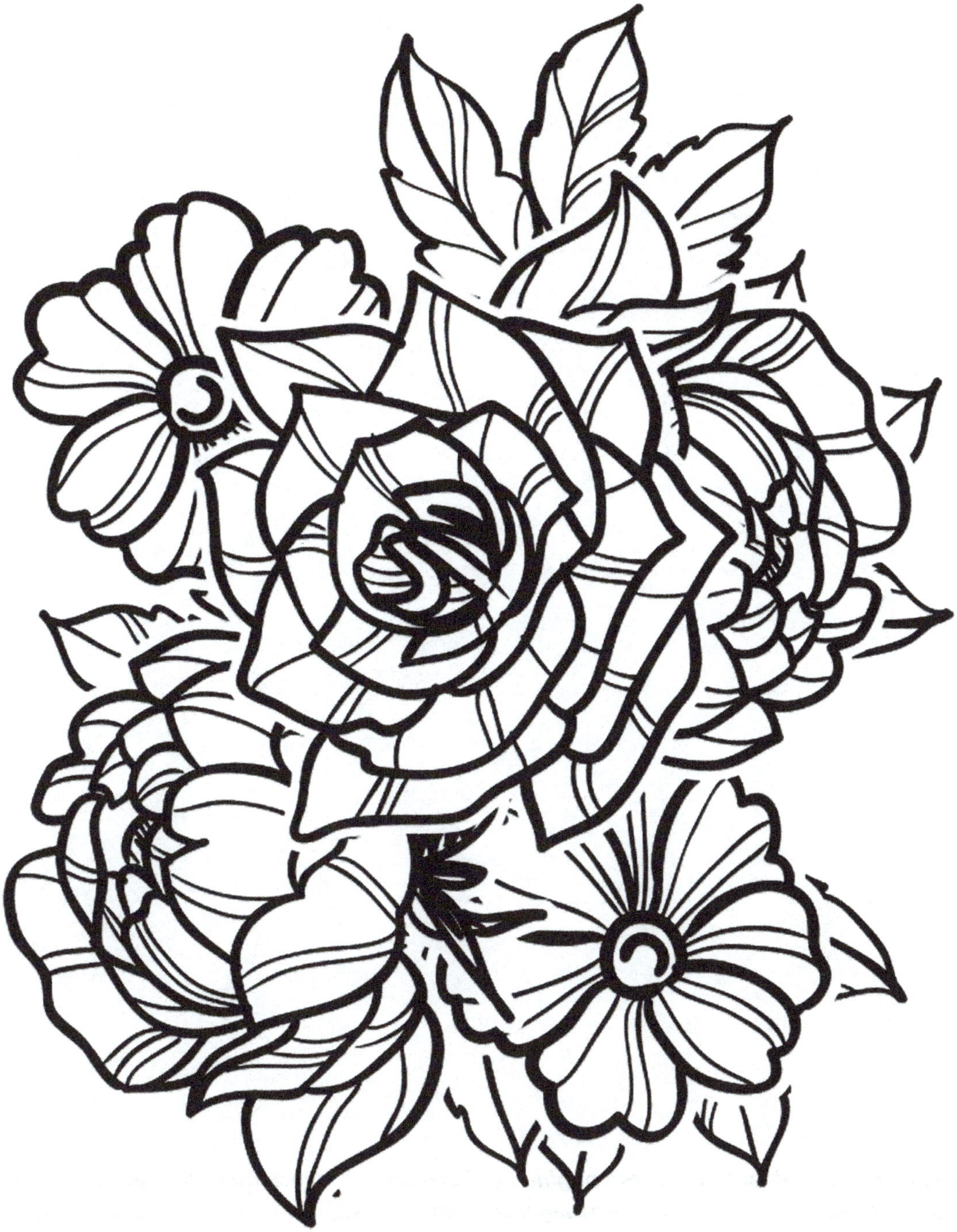

Questo è un sanguinare attraverso pagina se si utilizza un colorante indicatore o una penna!

Trovare altri grandi titoli di ricerca per disegni da Colorare Bandit su Il tuo libro preferito rivenditore

Amazon.Ca | Barnes & Noble (BN.Com) | Libri 1 Milione (BAM.Com)

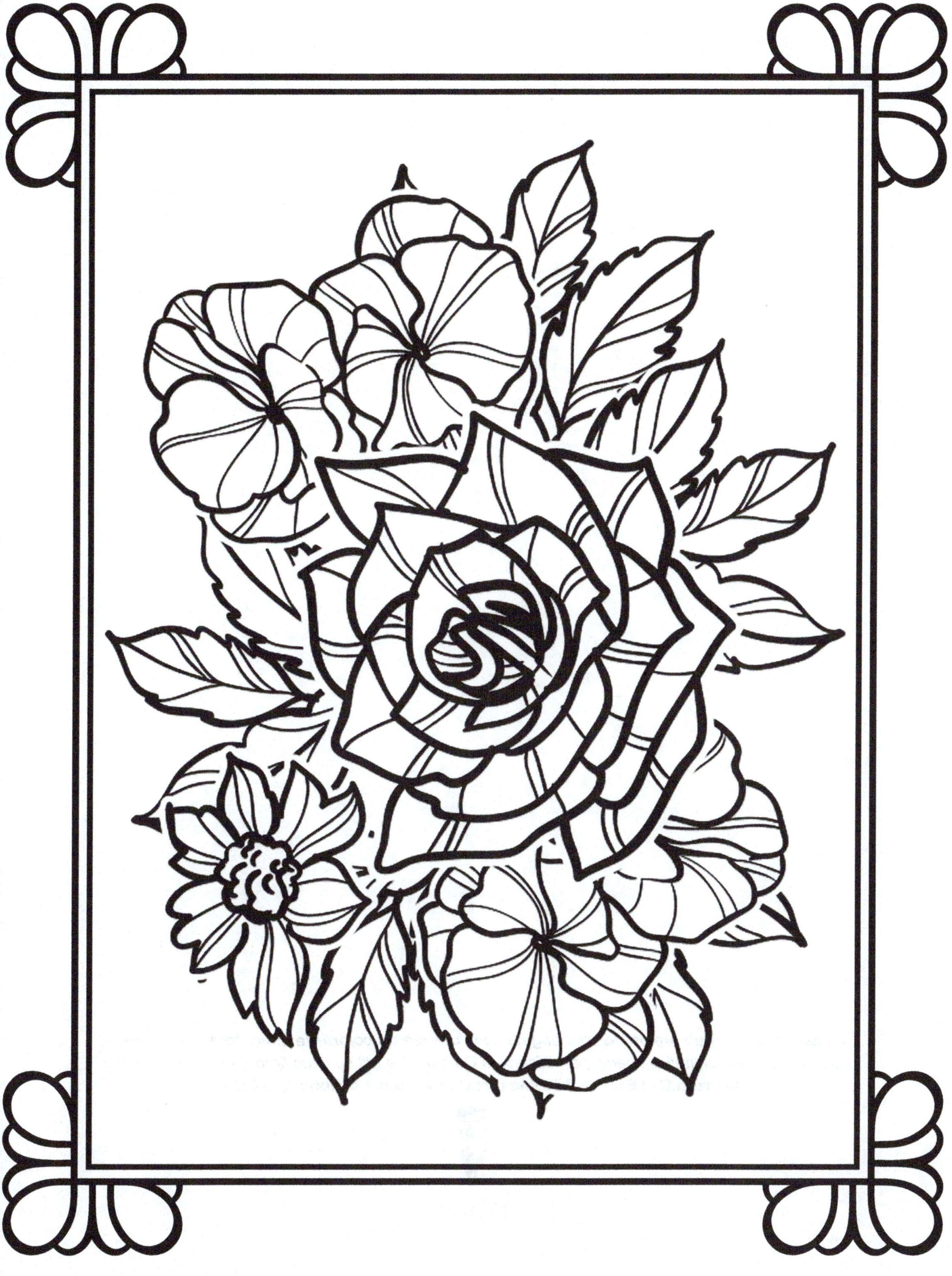

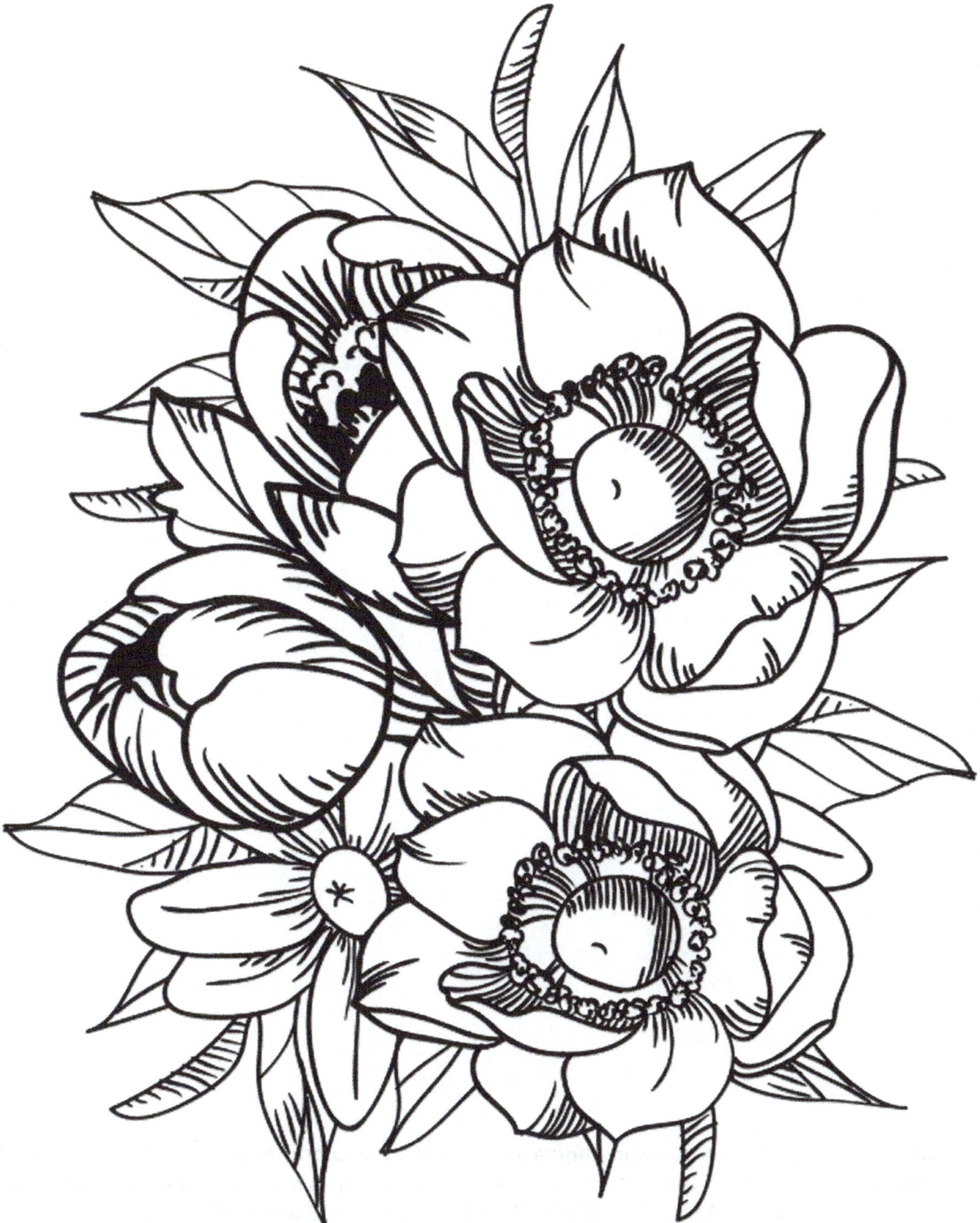

Questo è un sanguinare attraverso pagina se si utilizza un colorante indicatore o una penna!

Trovare altri grandi titoli di ricerca per disegni da Colorare Bandit su Il tuo libro preferito rivenditore

Amazon.Ca | Barnes & Noble (BN.Com) | Libri 1 Milione (BAM.Com)

COLORING BANDIT

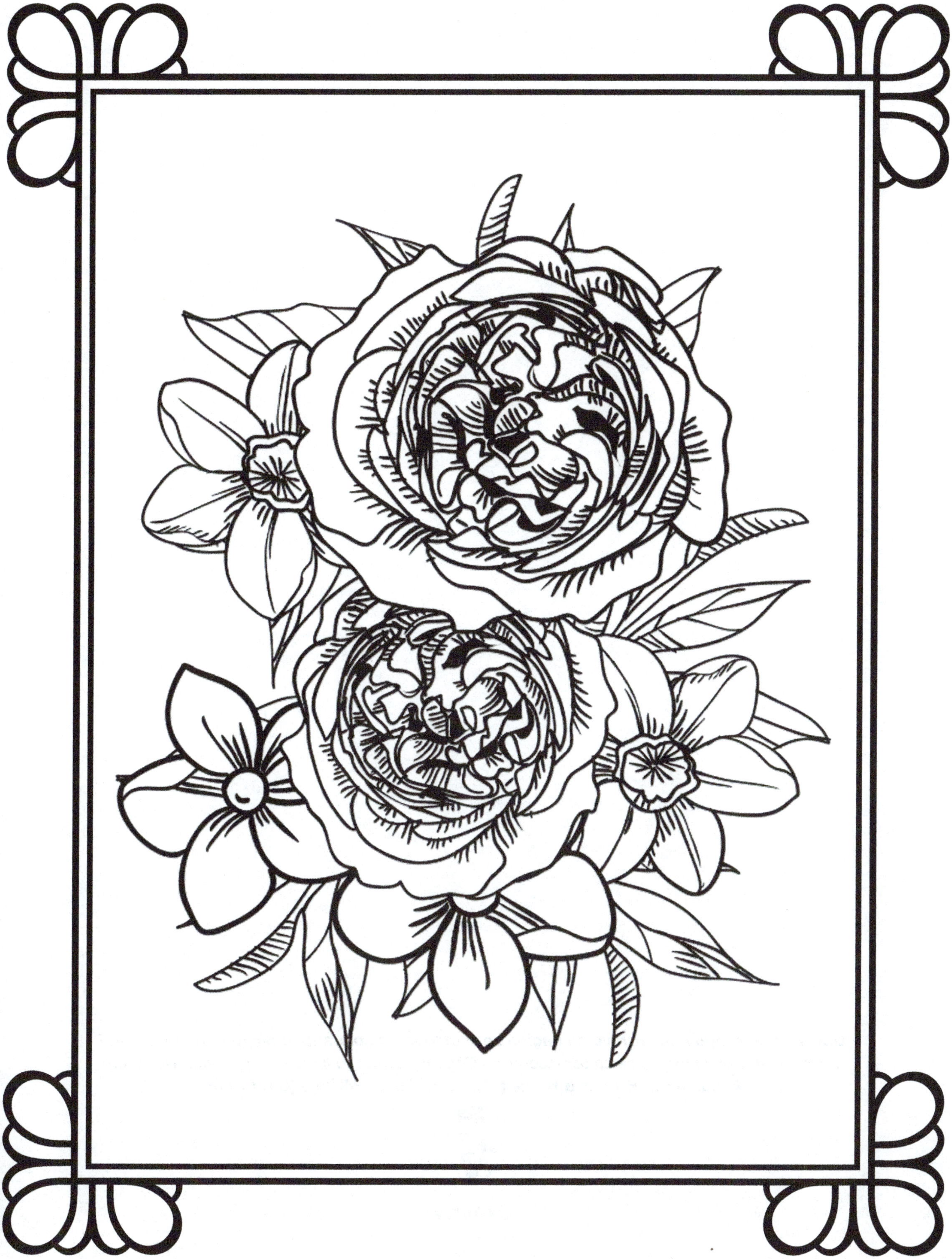

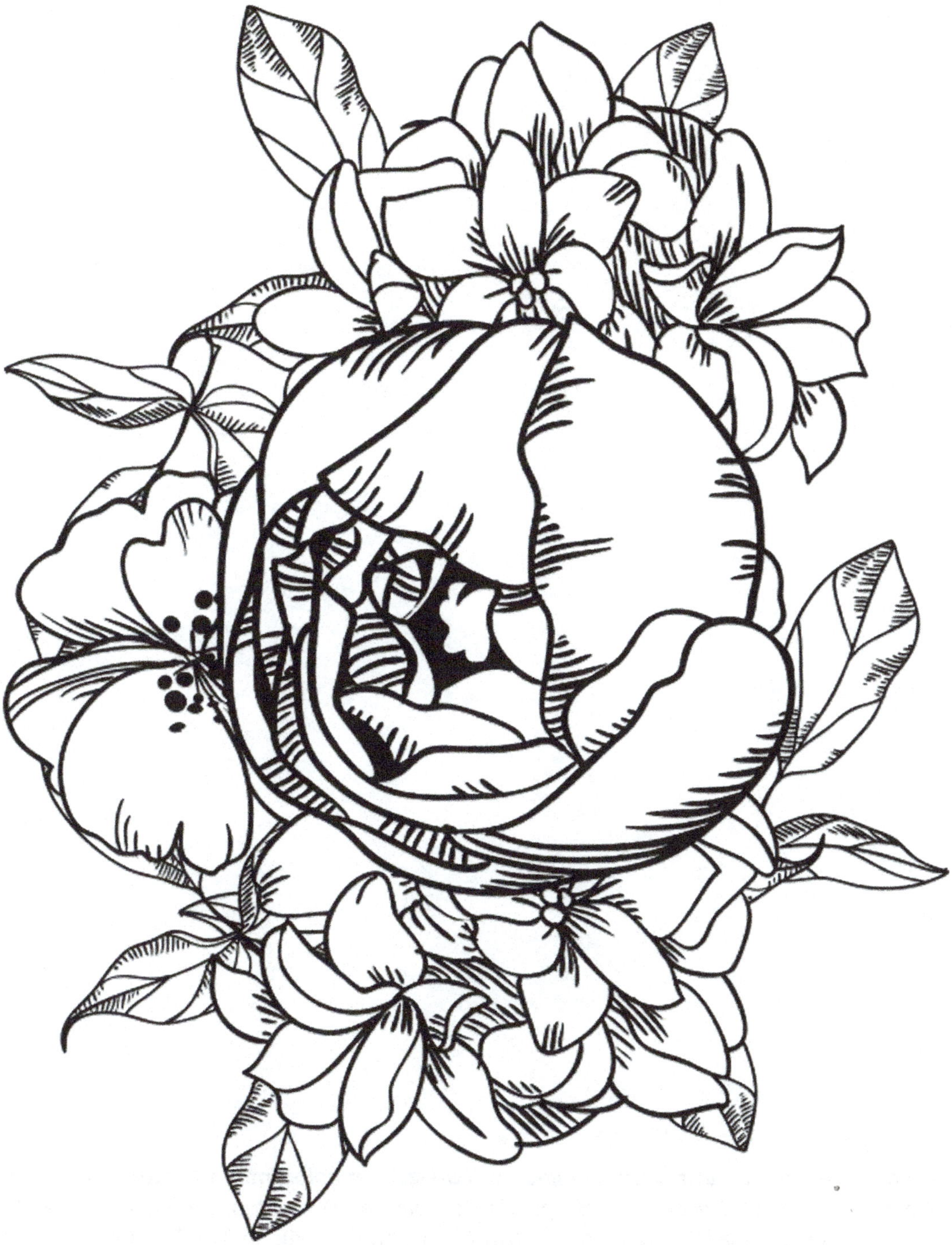

Questo è un sanguinare attraverso pagina se si utilizza un colorante indicatore o una penna!

Trovare altri grandi titoli di ricerca per disegni da Colorare Bandit su Il tuo libro preferito rivenditore

Amazon.Ca | Barnes & Noble (BN.Com) | Libri 1 Milione (BAM.Com)

COLORING BANDIT

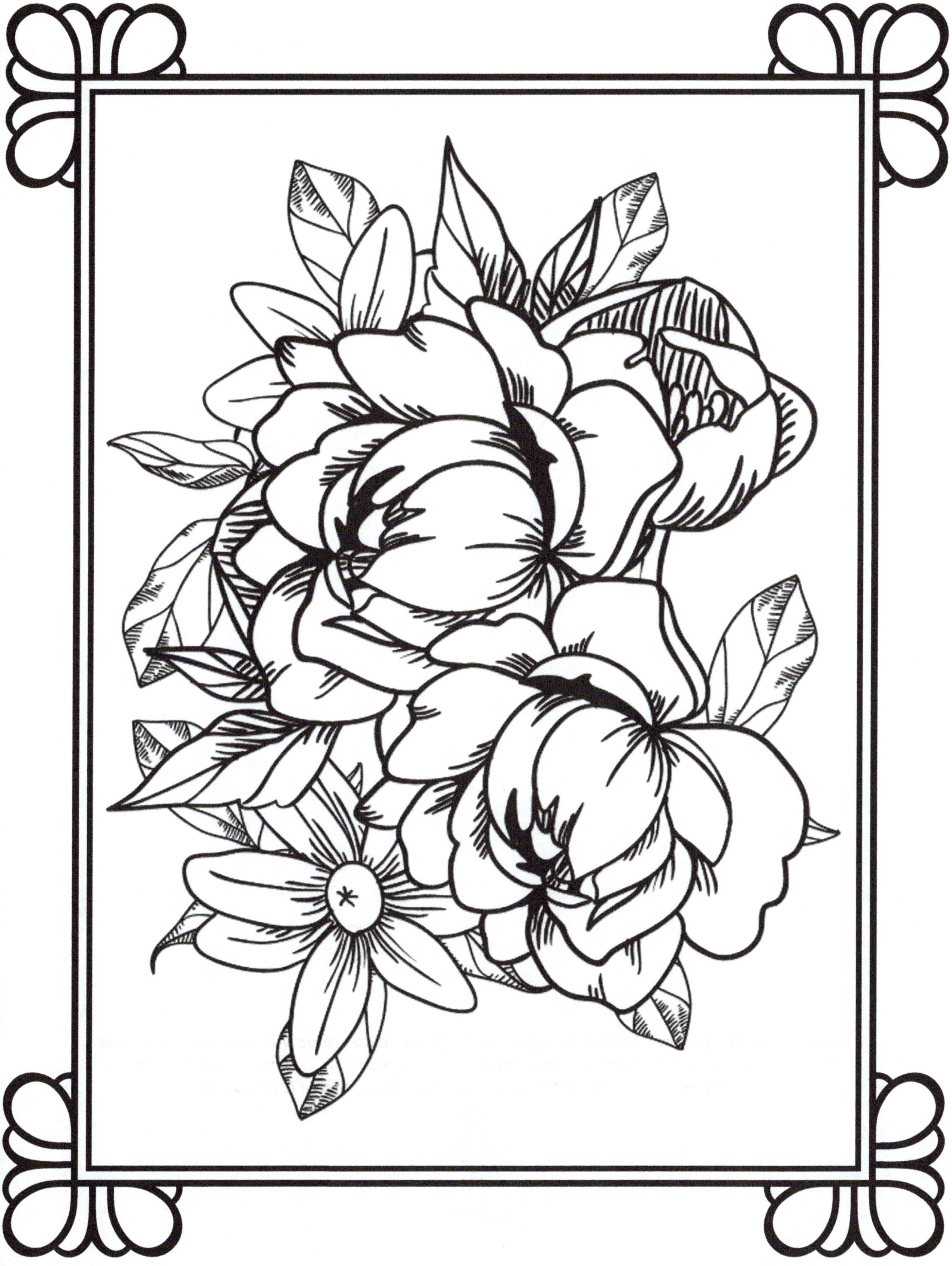

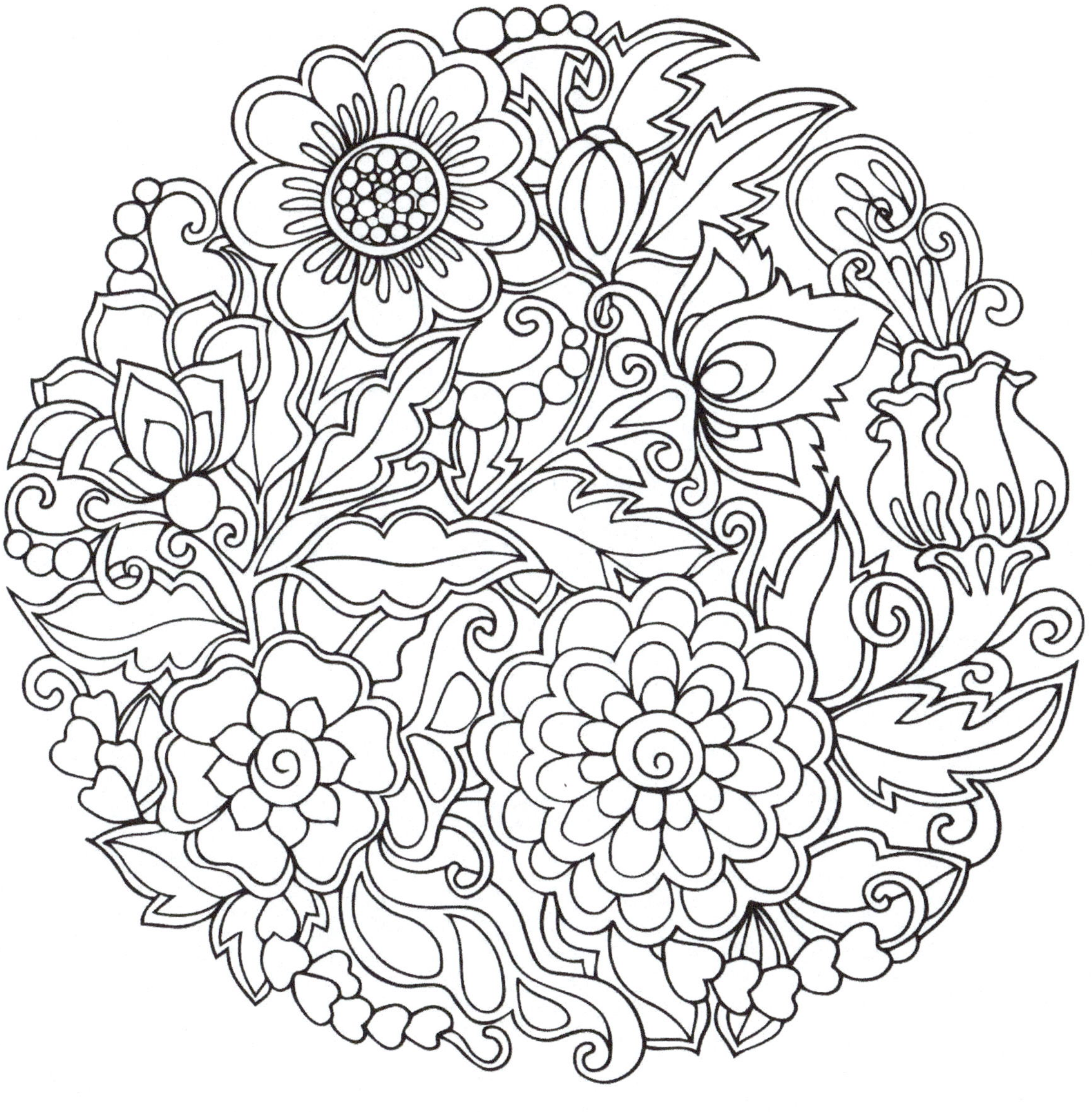

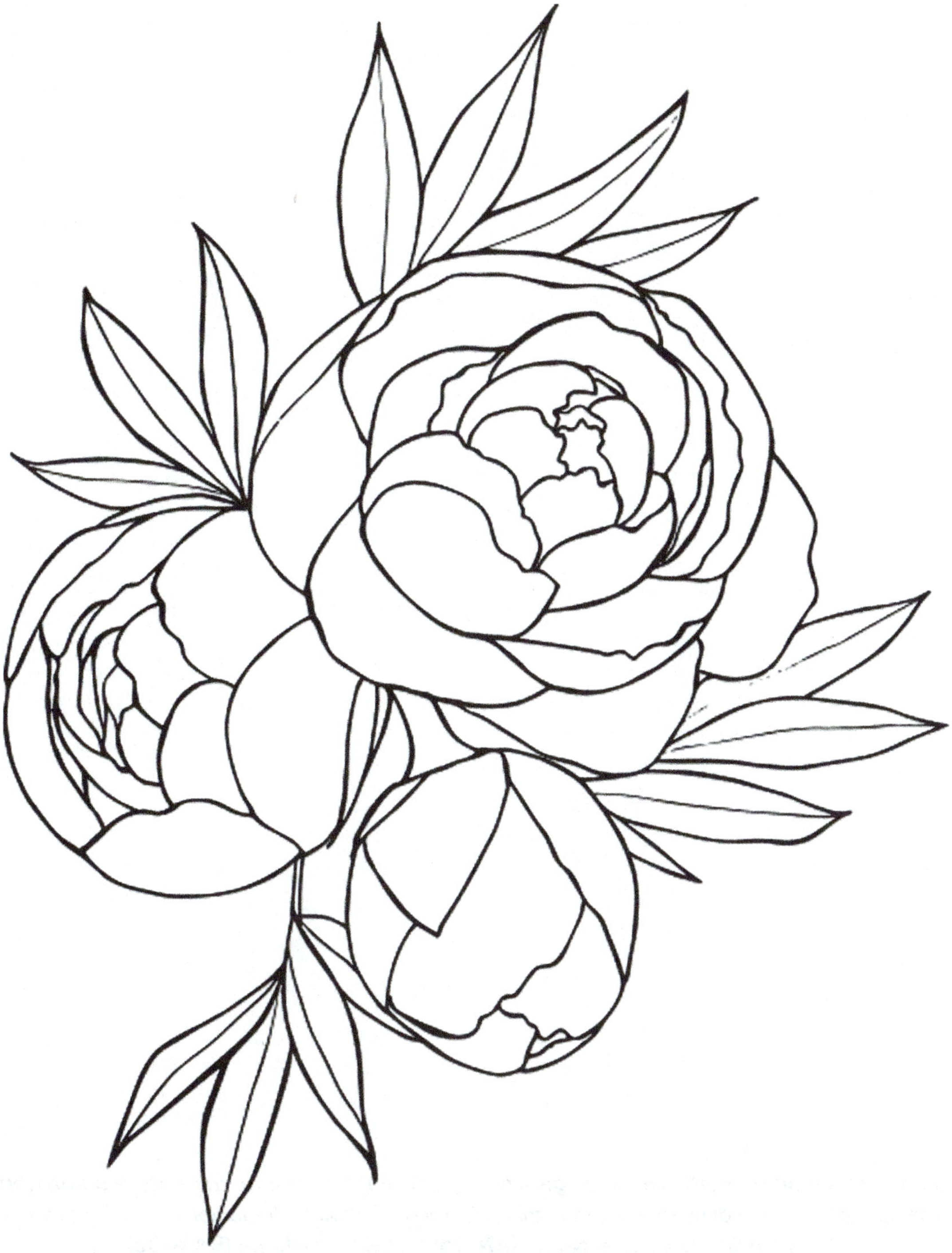

Questo è un sanguinare attraverso pagina se si utilizza un colorante indicatore o una penna!

Trovare altri grandi titoli di ricerca per disegni da Colorare Bandit su Il tuo libro preferito rivenditore

Amazon.Ca | Barnes & Noble (BN.Com) | Libri 1 Milione (BAM.Com)

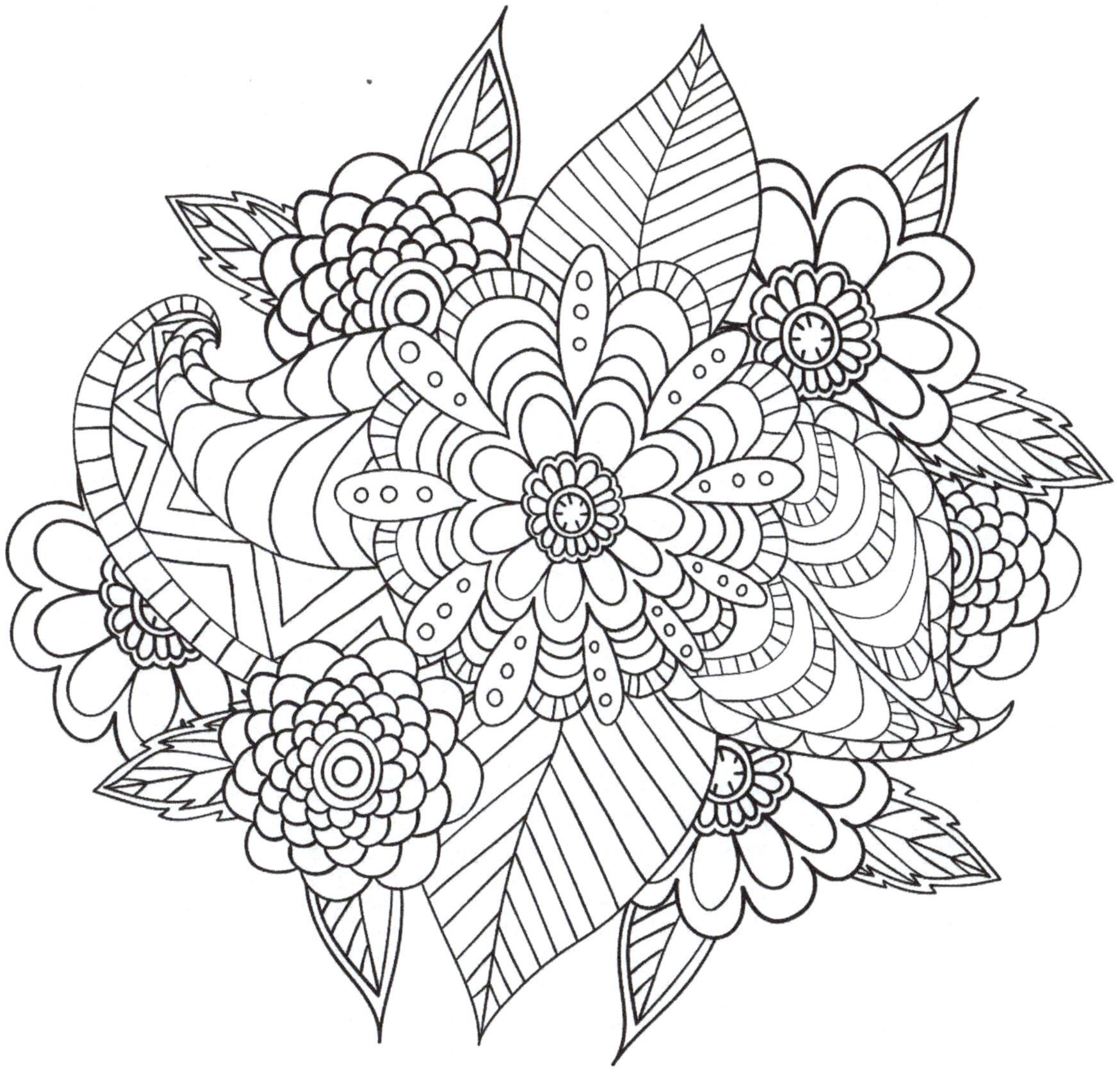

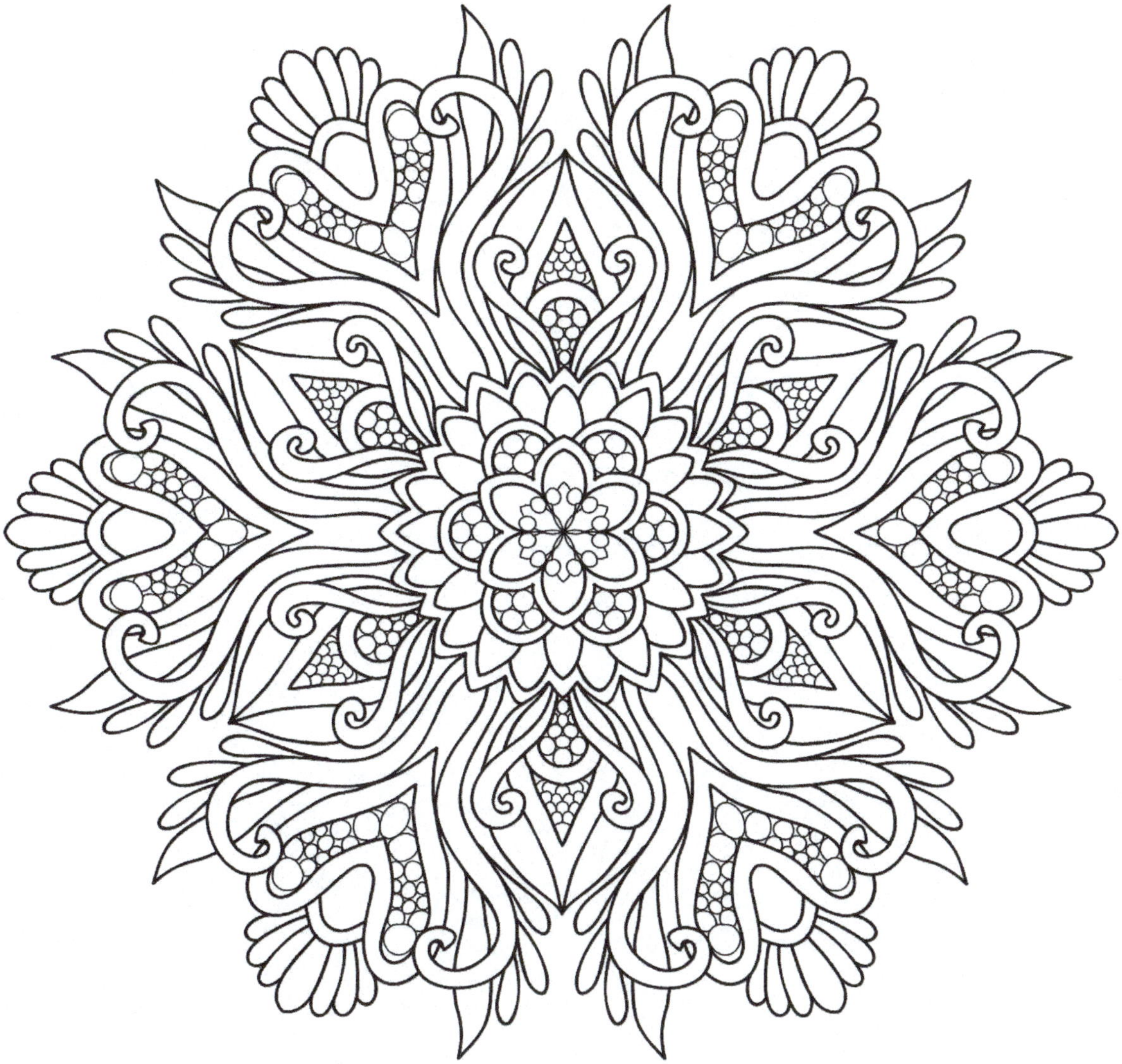

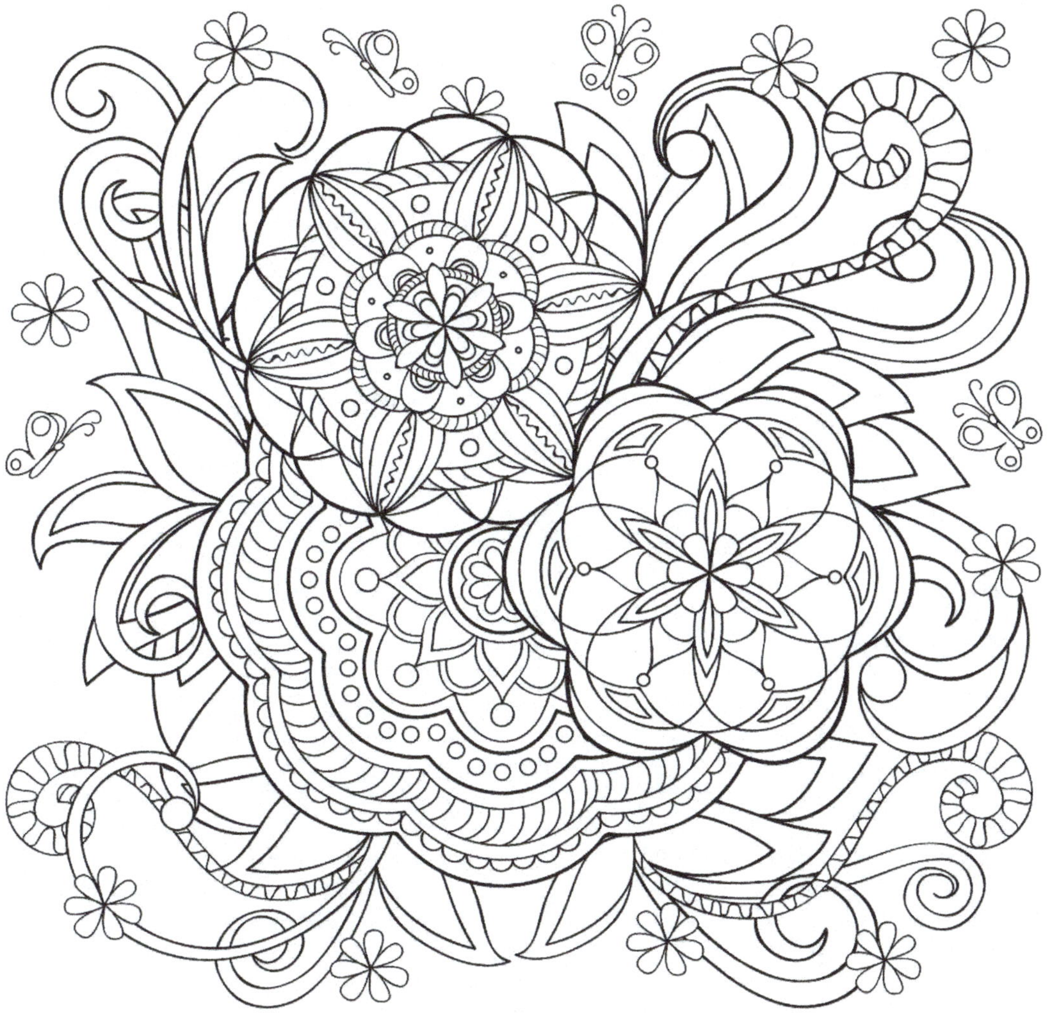

Questo è un sanguinare attraverso pagina se si utilizza un colorante indicatore o una penna!

Trovare altri grandi titoli di ricerca per disegni da Colorare Bandit su Il tuo libro preferito rivenditore

Amazon.Ca | Barnes & Noble (BN.Com) | Libri 1 Milione (BAM.Com)

COLORING BANDIT

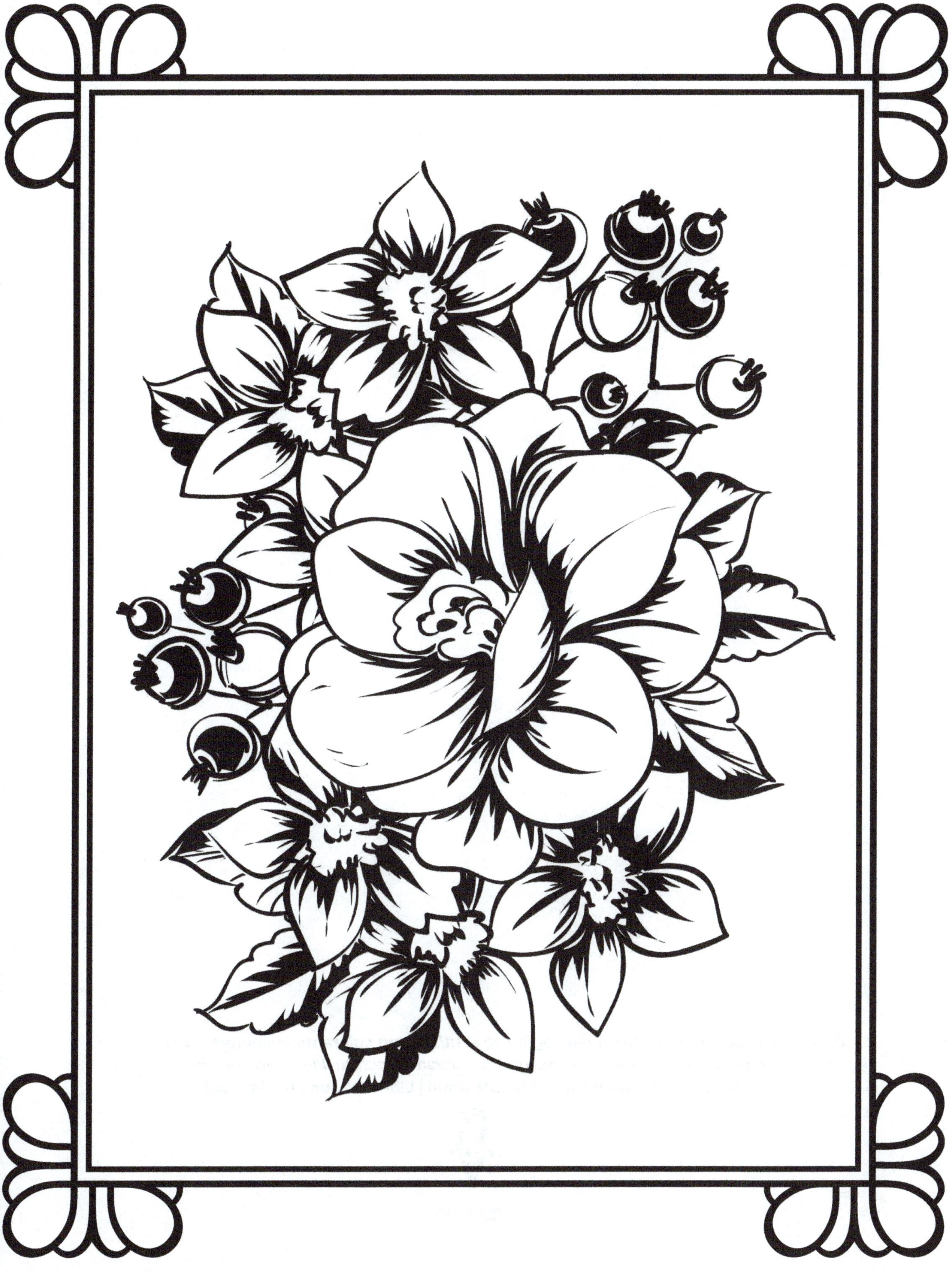

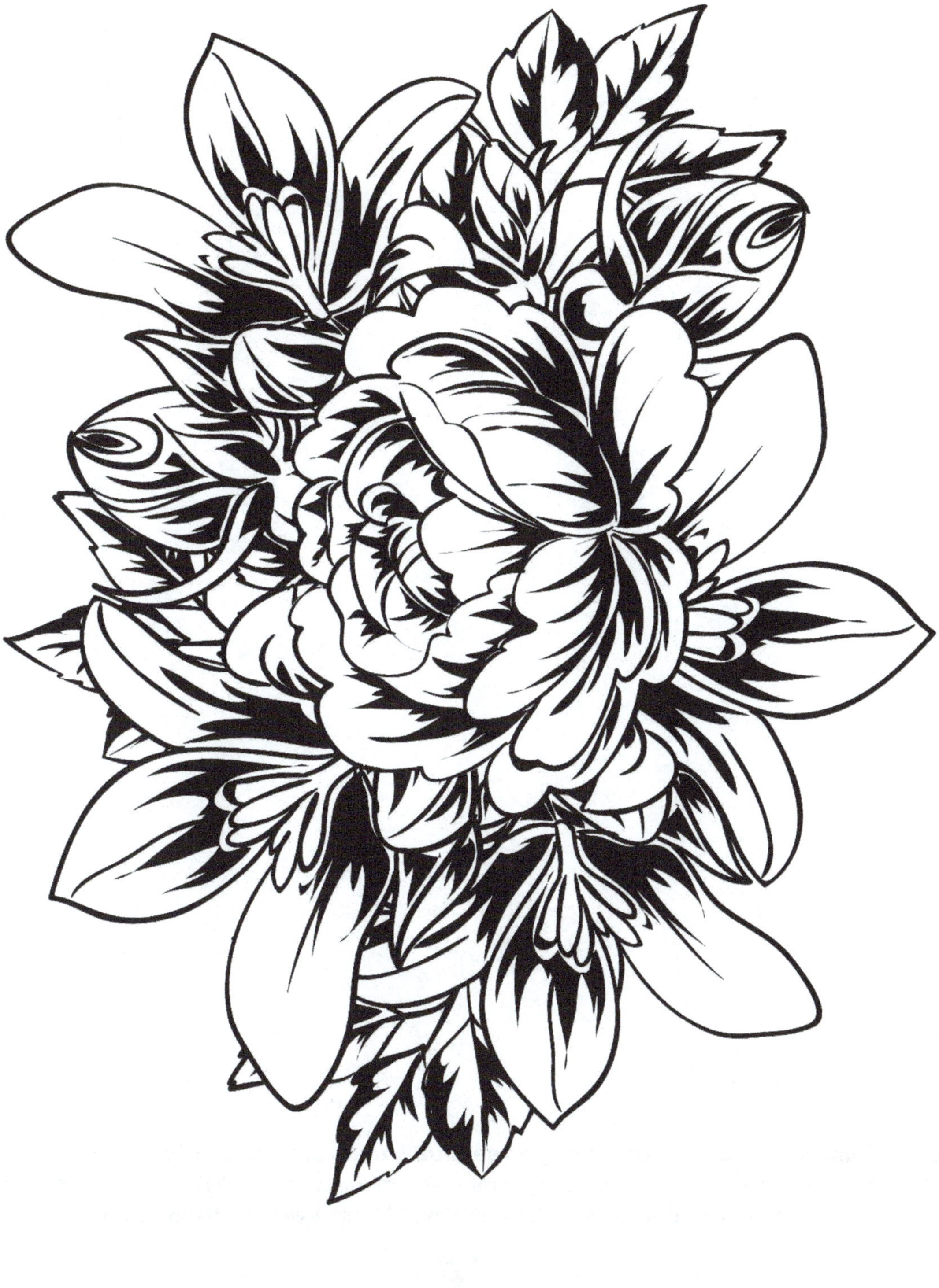

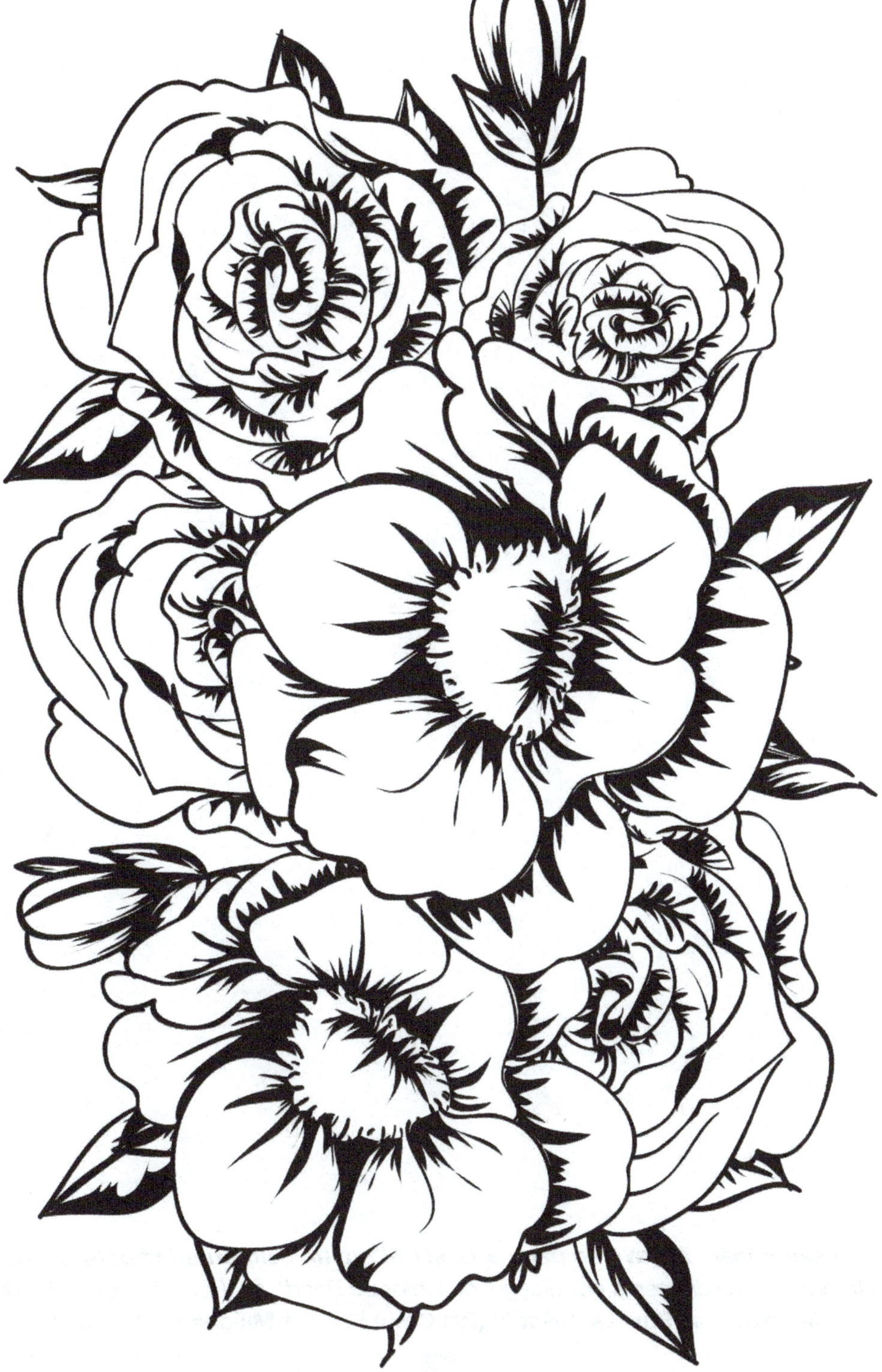

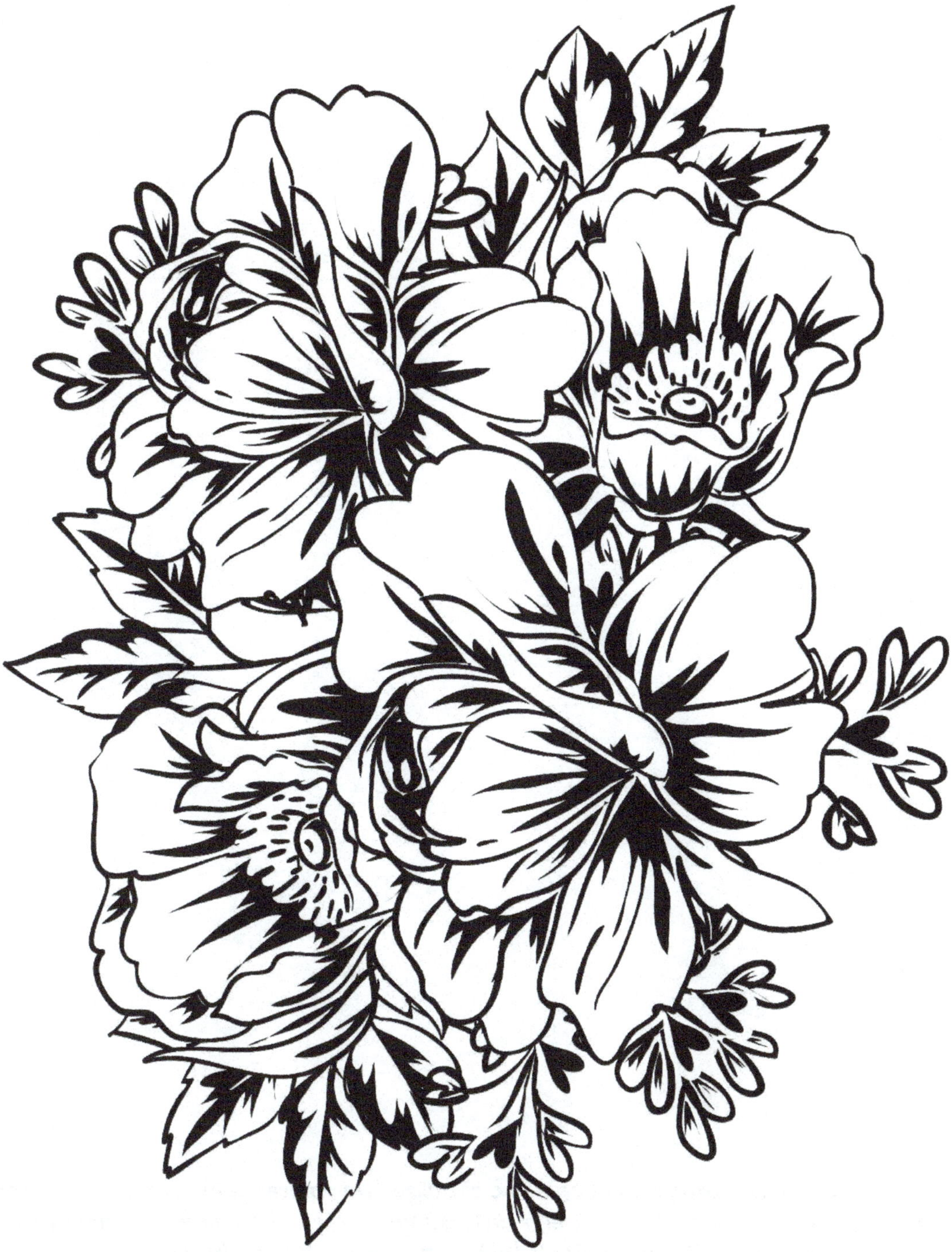

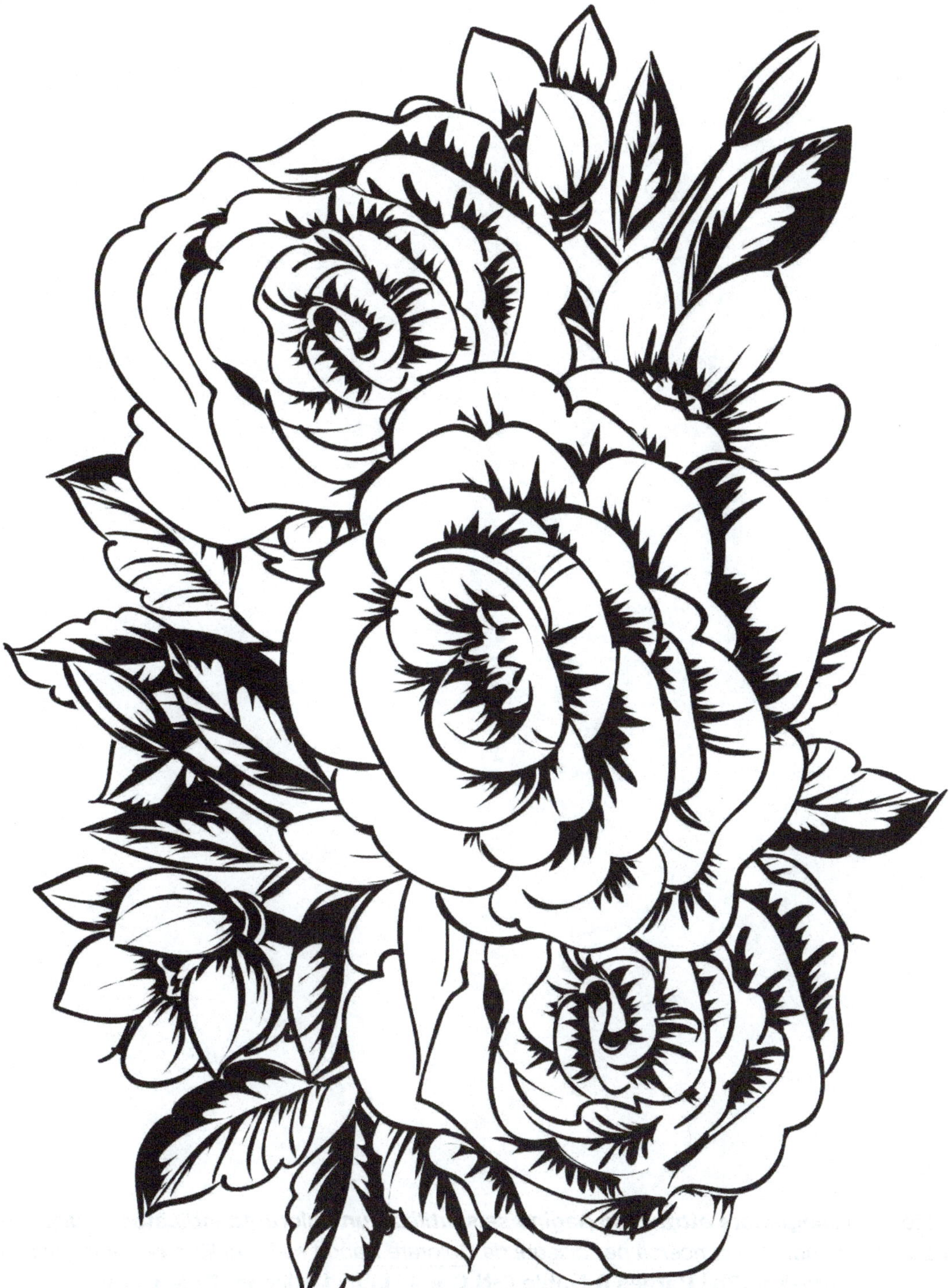

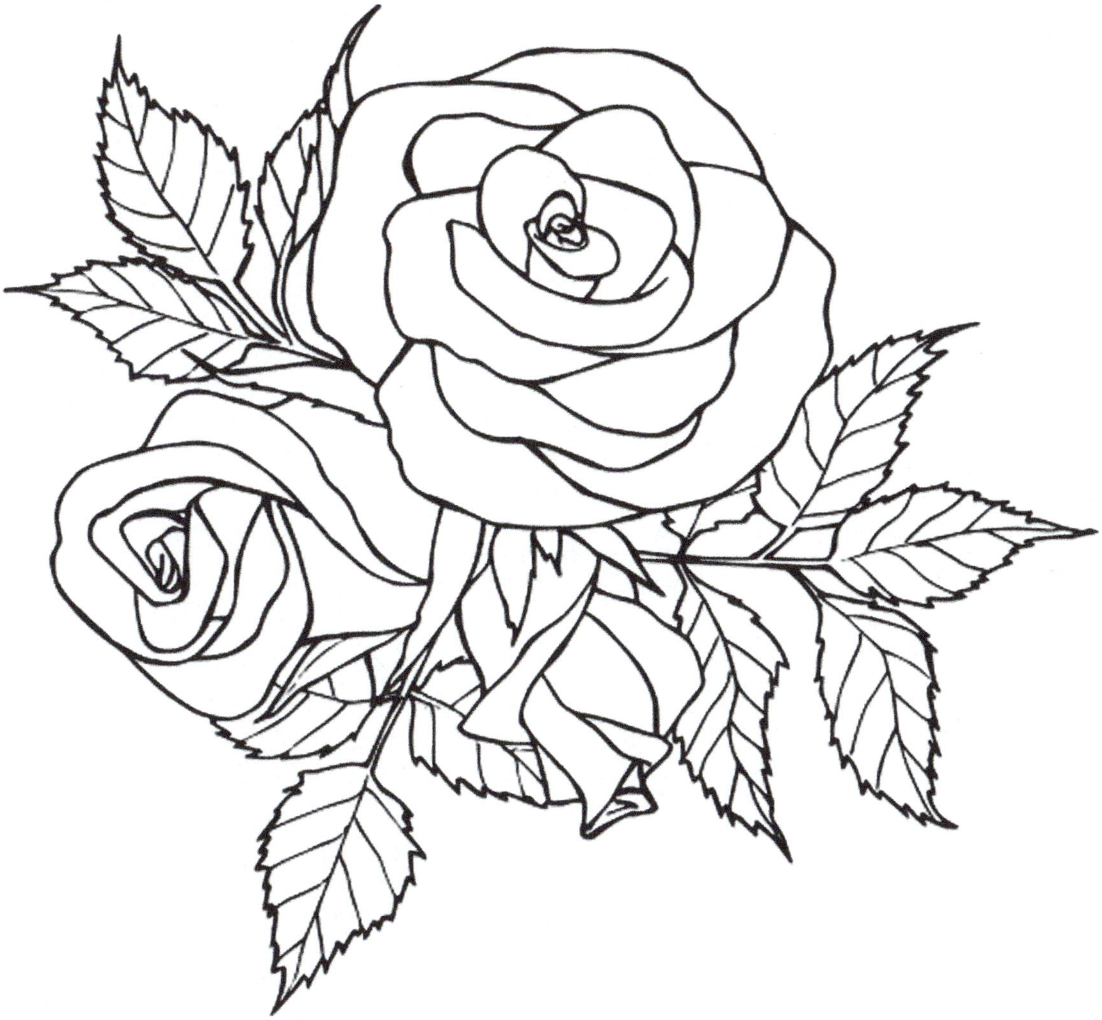

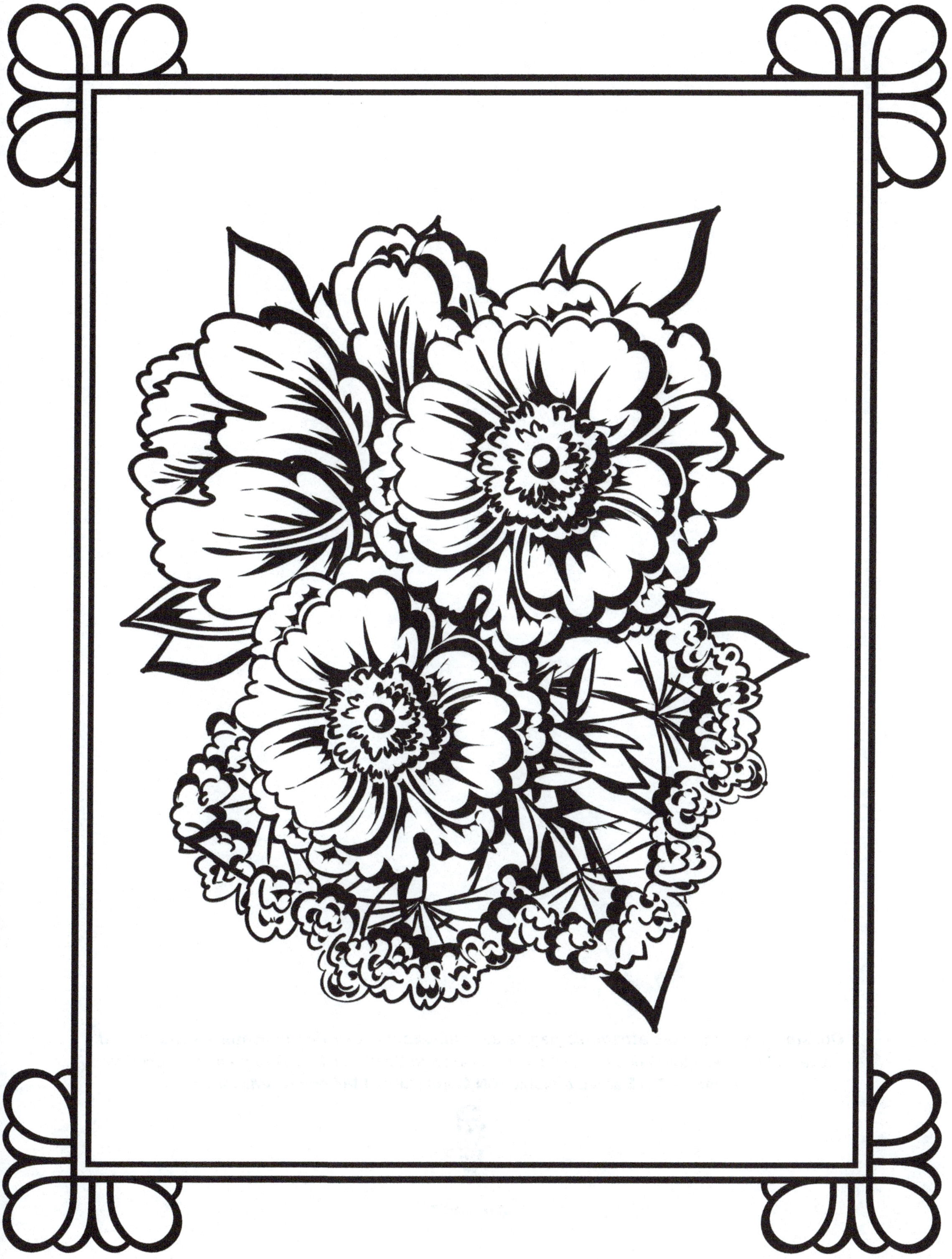

Questo è un sanguinare attraverso pagina se si utilizza un colorante indicatore o una penna!

Trovare altri grandi titoli di ricerca per disegni da Colorare Bandit su Il tuo libro preferito rivenditore

Amazon.Ca | Barnes & Noble (BN.Com) | Libri 1 Milione (BAM.Com)

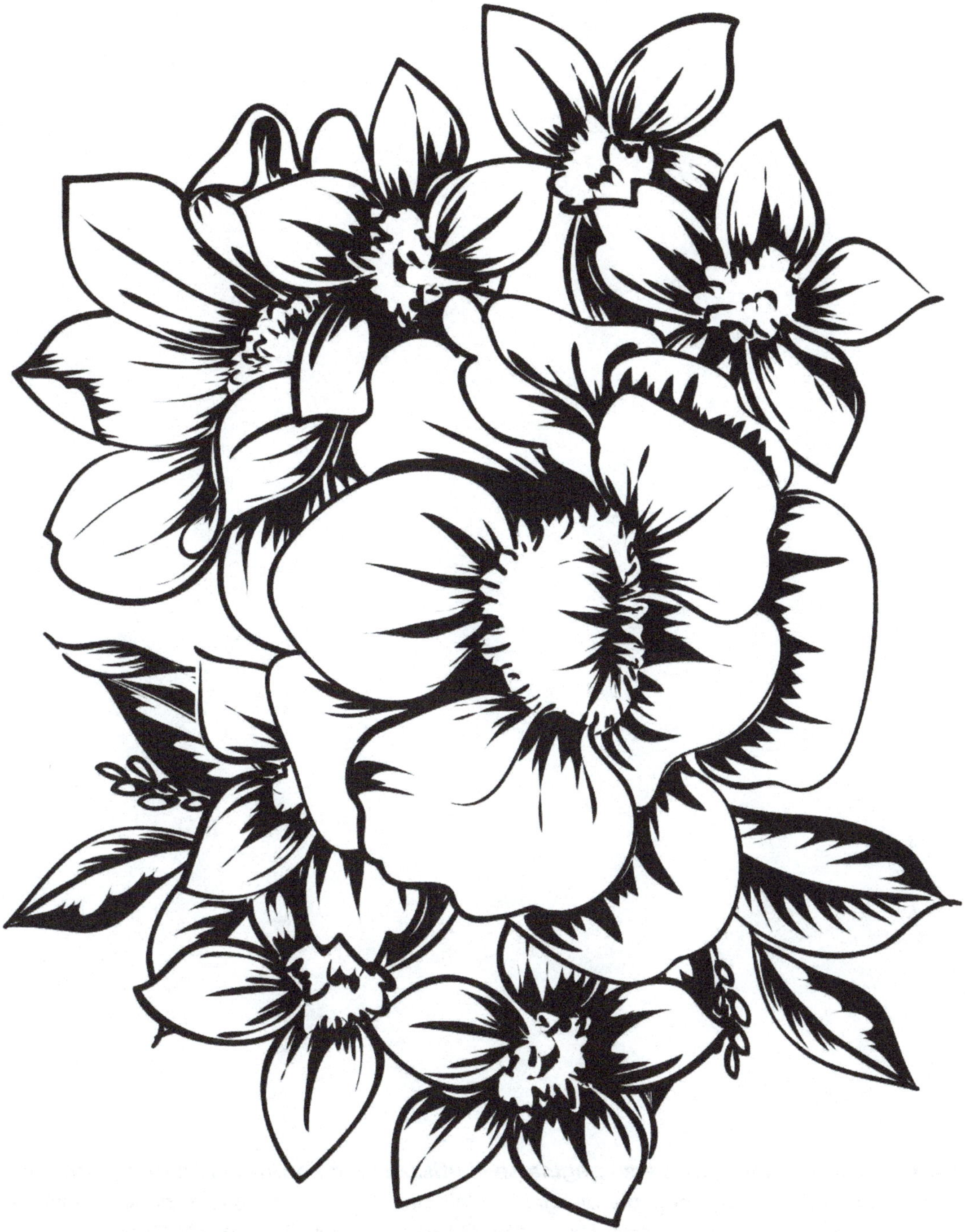

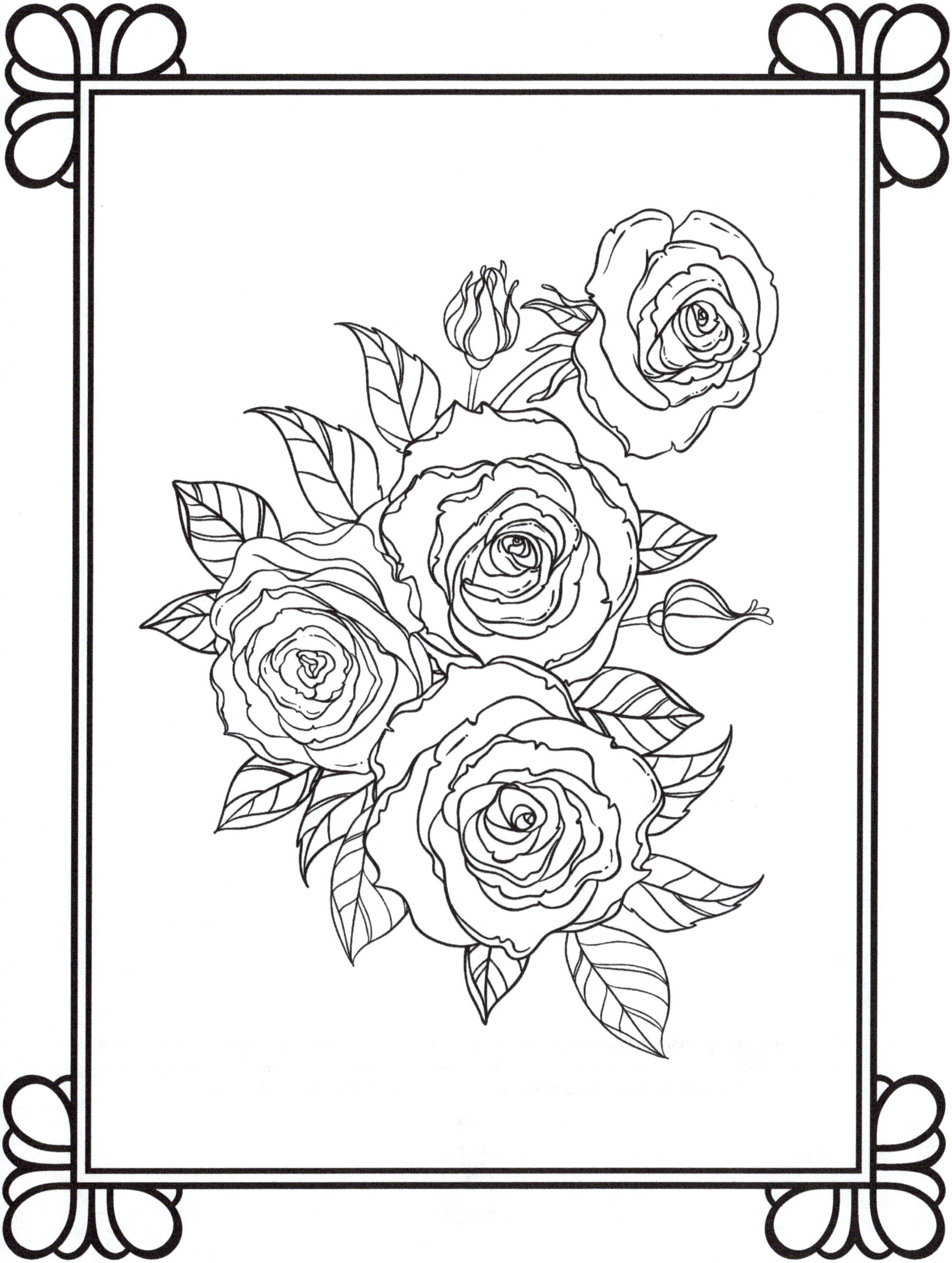

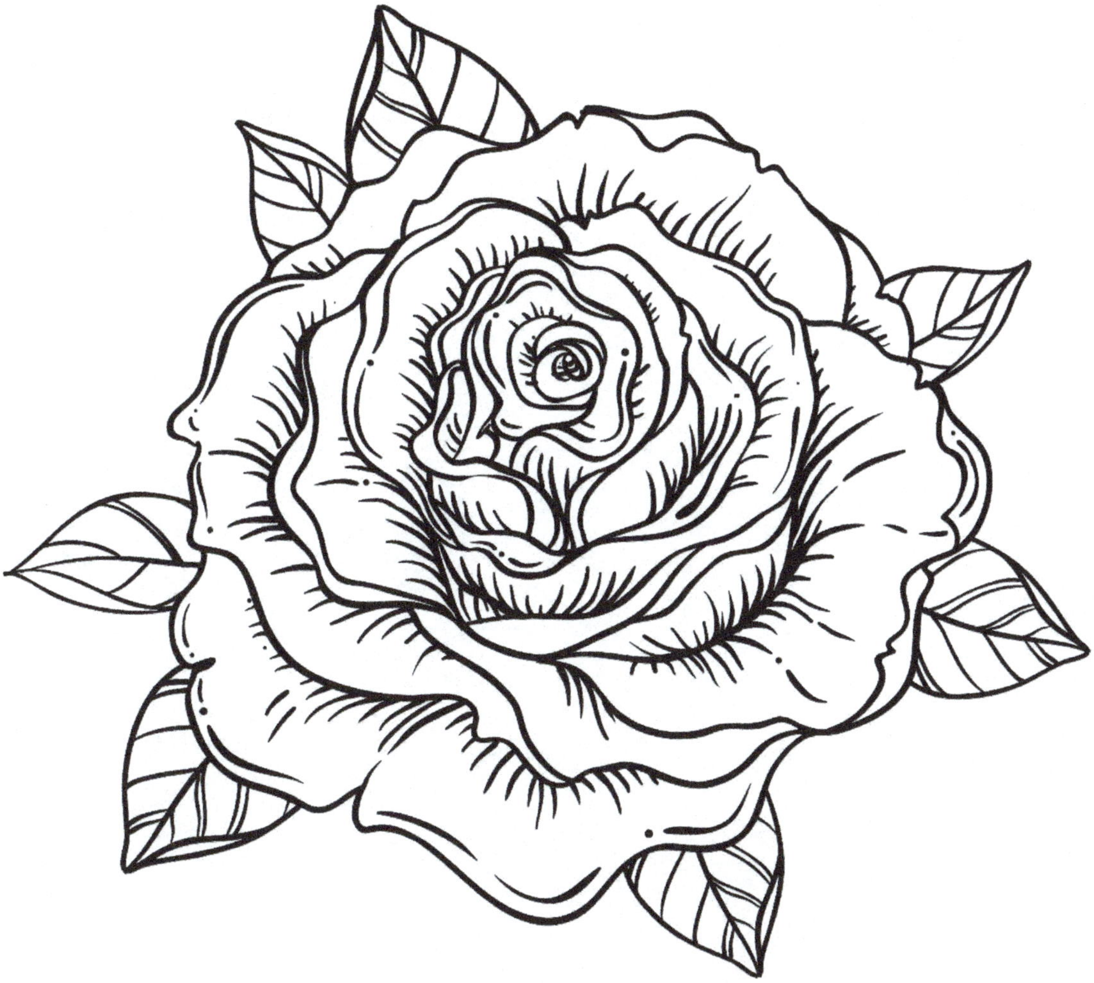

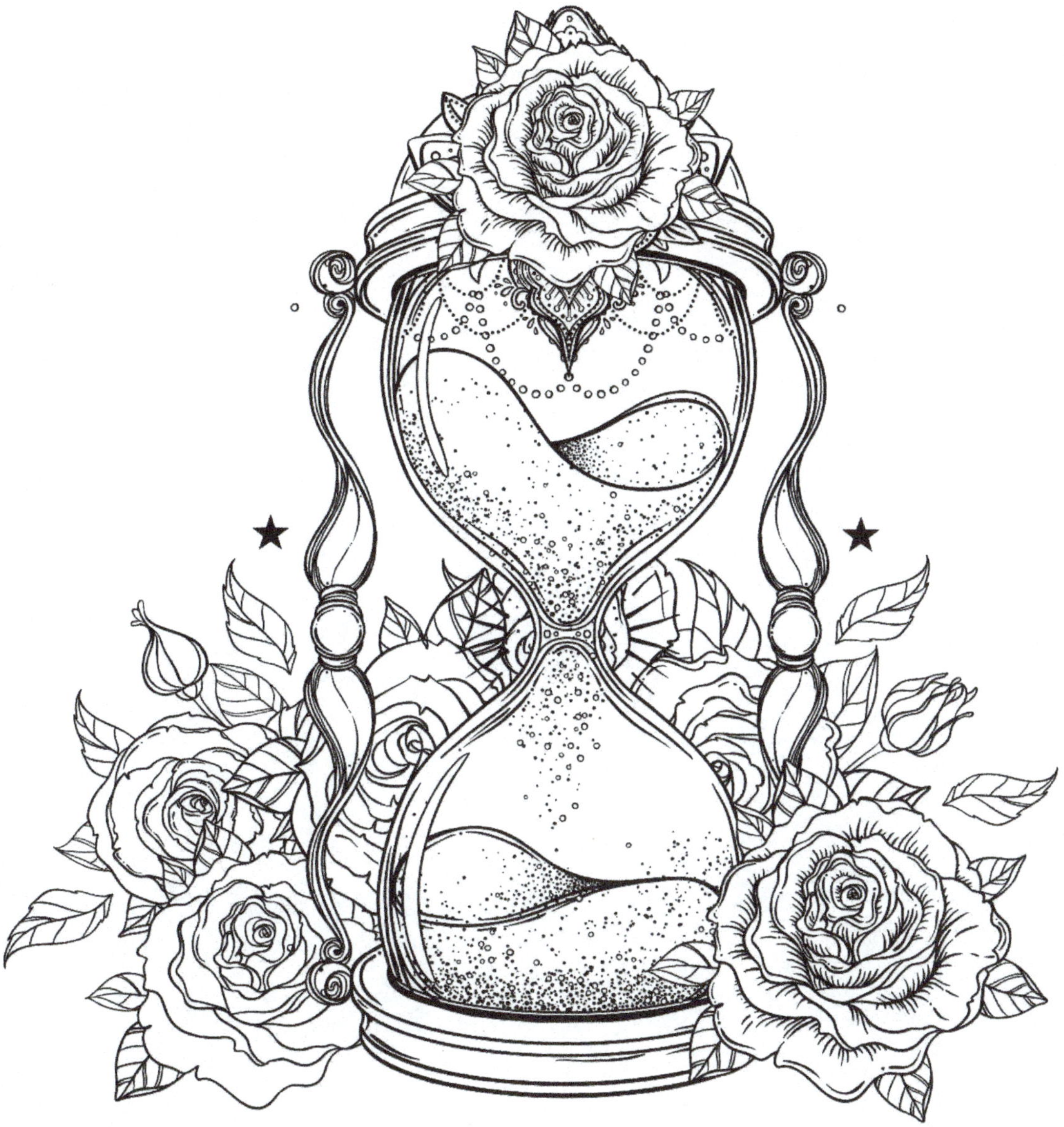

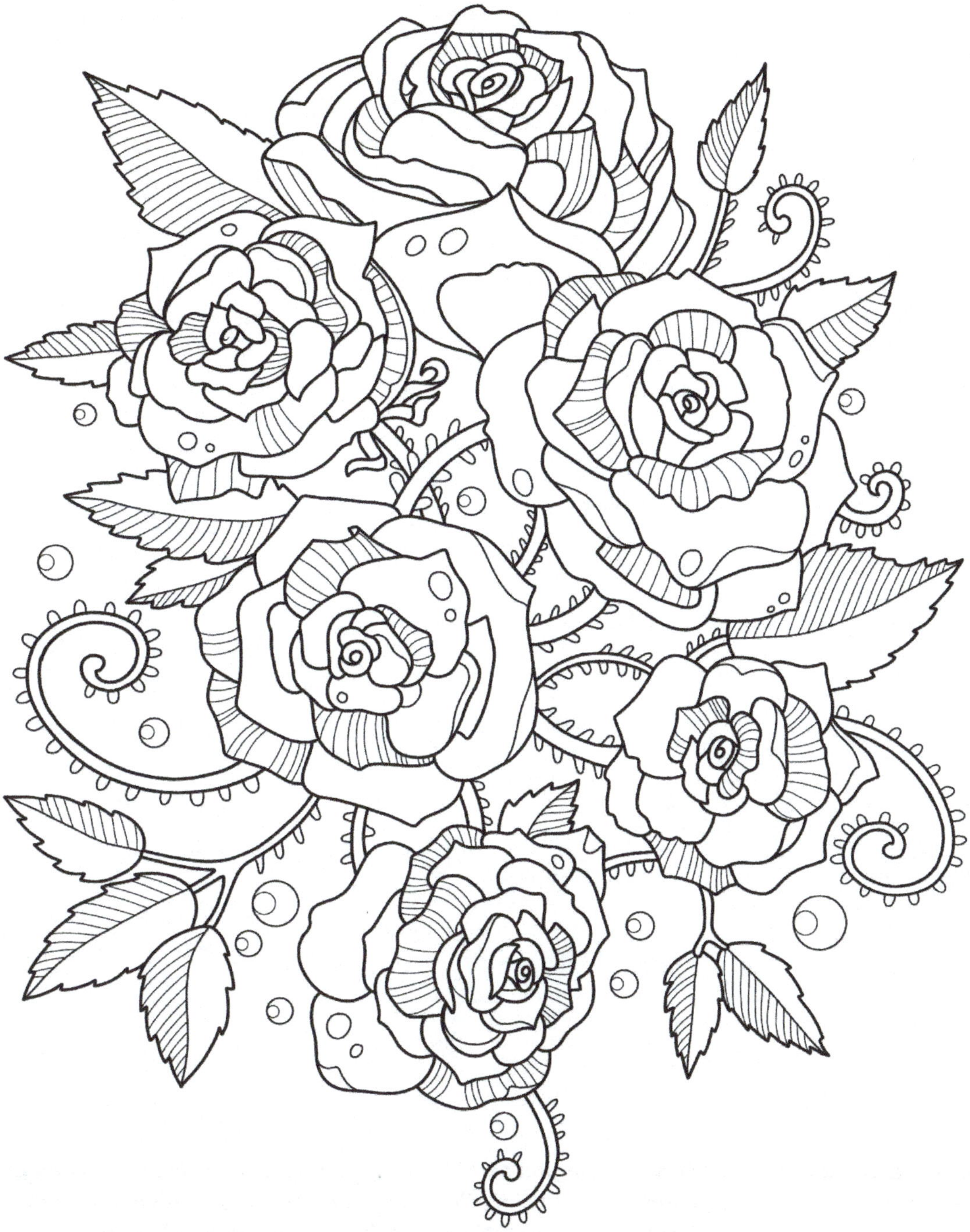

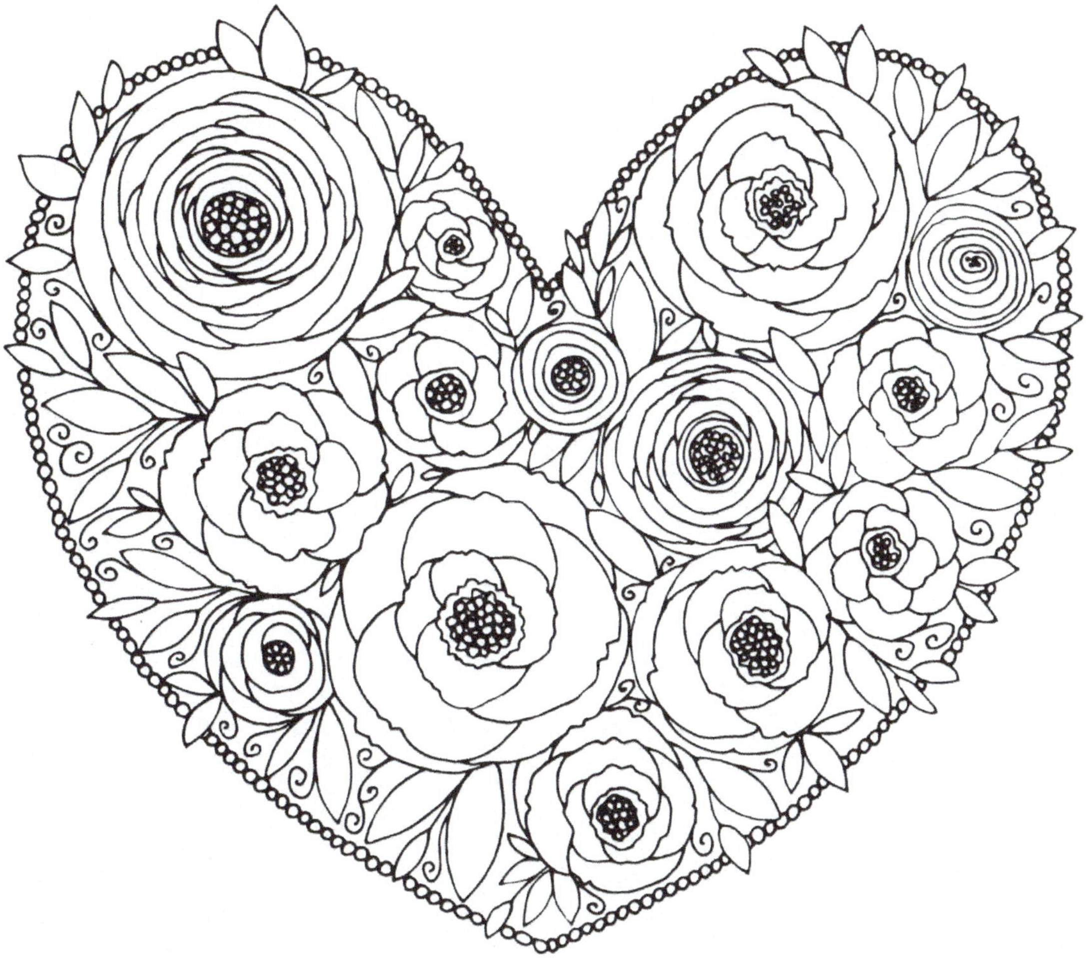

Made in the USA
Monee, IL
07 July 2026

56547357R00037